重庆市级中等职业教育改革发展示范学校建设成果

城市轨道交通运营管理专业
课程体系与人才培养方案

主　　编　黄兰华
执行主编　杨旭平　郭　娟
副 主 编　孙　毅
主　　审　肖贵斌

重庆大学出版社

内容提要

本书是根据教育部《关于中等职业学校专业教学标准的意见》和重庆市《关于实施市级中等职业教育改革发展示范学校建设计划的通知》，结合重庆铁路运输高级技工学校的实际情况编写而成，适合中等职业教育城市轨道交通运营管理专业学生使用。

本书主要内容包括城市轨道交通运营管理专业的课程体系与人才培养方案。书中明确将人才培养模式和课程体系定位于重点特色专业建设的总体思路上，结合岗位工作任务及其特点，重点对课程内容与要求进行细致的设计，对中等职业学校相关专业教师的教学工作起到有效的指导和辅助作用。

图书在版编目(CIP)数据

城市轨道交通运营管理专业课程体系与人才培养方案／黄兰华主编.—重庆：重庆大学出版社，2017.2
中等职业教育城市轨道交通系列规划教材
ISBN 978-7-5689-0405-6

Ⅰ.①城… Ⅱ.①黄… Ⅲ.①城市铁路—铁路车辆—运营管理—课程体系—中等专业学校—教学参考资料 ②城市铁路—铁路车辆—运营管理—人才培养—中等专业学校—教学参考资料 Ⅳ.①U239.5

中国版本图书馆 CIP 数据核字(2017)第 026964 号

城市轨道交通运营管理专业课程体系与人才培养方案

主　编　黄兰华
执行主编　杨旭平　郭　娟
副 主 编　孙　毅
主　审　肖贵斌
责任编辑：鲁　黎　　版式设计：鲁　黎
责任校对：邬　忌　　责任印制：赵　晟
*
重庆大学出版社出版发行
出版人：易树平
社址：重庆市沙坪坝区大学城西路 21 号
邮编：401331
电话：(023) 88617190　88617185(中小学)
传真：(023) 88617186　88617166
网址：http://www.cqup.com.cn
邮箱：fxk@cqup.com.cn (营销中心)
全国新华书店经销
POD：重庆新生代彩印技术有限公司
*
开本：787mm×1092mm　1/16　印张：2.75　字数：49 千
2017 年 5 月第 1 版　2017 年 5 月第 1 次印刷
ISBN 978-7-5689-0405-6　定价：12.00 元

序　言

为进一步加强中等职业学校专业建设，统筹专业设置，优化专业布局，提升专业人才培养质量，根据国务院《关于加快发展现代职业教育的决定》和教育部办公厅《关于中等职业学校专业教学标准的意见》等相关文件精神，结合重庆市《关于实施市级中等职业教育改革发展示范学校建设计划的通知》(渝教职成〔2014〕31号)等文件要求，2015年1月，重庆市确定了首批12所市级中等职业教育改革发展示范学校。重庆铁路运输高级技工学校被列为首批示范校之一，城市轨道交通运营管理专业被列为市级示范校重点建设专业之一。在此背景下，城市轨道交通运营管理专业建设小组全体成员按照市级示范校建设任务书和建设方案的要求，开展了人才培养模式和课程体系改革、师资队伍建设和校企合作机制建设等方面的一系列工作。

在进行人才培养方案和课程体系改革的过程中，本专业教师充分借鉴国内外先进的职教理论和实践经验，积极探索"工学结合"人才培养模式和课程改革，初步形成了符合职业教育规律、具有专业特色的"工学结合"人才培养模式和课程体系，并在教学实施过程中探索与之相适应的教学模式和教学方法，取得了较好的效果。

《城市轨道交通运营管理专业课程体系和人才培养方案》是由城市轨道交通运营管理专业教研室与行业、企业专家共同开发、编写的。专业教师深入全国轨道交通企业和同类院校进行调研，在充分整理和分析调研数据的基础上，借鉴国内外先进的职业教育课程开发理念，采用工作过程系统化的课程体系开发方法，对接企业人才需求和行业标准，充分调研、分析社会所需的人才类型、对应职业岗位的工作任务和职业能力，以职业岗位需求和人才技术素养为本，开发了基于工作过程的专业课程体系和人才培养方案。

在本专业课程体系和人才培养方案的开发、编写、出版过程中，得到了重庆铁路运输高级技工学校领导和教务处等职能部门、重庆轨道交通(集团)有限公司、成都地铁运营有限公司、无锡地铁运营有限公司等合作企业的大力支持和帮助，在此表示衷心感谢！

由于编者水平所限，时间仓促，书中难免有不妥之处，恳请各位专家、同人批评指正。

编　者

2016年12月

前 言

《城市轨道交通运营管理专业课程体系与人才培养方案》是重庆市级中等职业教育改革发展示范学校项目中城市轨道交通运营管理专业建设成果之一。

"城市轨道交通运营管理专业"是伴随着城市快速发展、交通运输运能需求而发展起来的新兴专业。城市轨道交通运营管理工作是城市轨道交通运营生产的核心工作,涉及的城市轨道交通企业岗位人员包括站务员、客运值班员、行车值班员、值班站长、站长等。

本书根据城市轨道交通运营管理专业所面向职业岗位的工作过程和职业人才成长规律,结合人才培养要求,在深入行业、企业调研及毕业生调查的基础上,全面分析职业岗位所需要的能力和培养要求,创新了以职业岗位核心能力为主线的"双平台、四对接、四环节"工学融合人才培养模式,按"职业岗位分析→典型工作任务分析→行动领域归纳→专业学习领域转换"的步骤,将典型工作任务组成的职业行动领域进行教学化处理;根据本专业思维发展、技术发展和职业成长规律进行重构,形成了"以职业能力为导向、行业企业参与、工学结合"的城市轨道交通运营管理专业课程体系,确定了各门主干课程的教学内容,以指导专业教学。

全书主要包含专业名称及代码、基本学制、培养目标及人才培养规格、人才培养模式、教学分析与课程体系、教学安排与安排进程表、教学方法与考核评价等。

本书由黄兰华担任主编,杨旭平、郭娟担任执行主编,孙毅担任副主编,肖贵斌担任主审。朱俊杰、黄彦莉、陈瑾、余丹艳、何丽萍、田广东、宿喜红、柳荧、李军及企业兼职教师参与编写,全书由黄兰华统稿和整理,肖贵斌对本书进行指导并审稿。

《城市轨道交通运营管理专业课程体系与人才培养方案》可作为中等职业学校城市轨道交通运营管理专业教师的教学参考用书，还可作为城市轨道交通行业相关培训的参考资料。

编　者

2017年1月

目　录

城市轨道交通运营管理专业课程体系报告 ……1

1.课程构建依据……1

1.1　政策文件 ……1

1.2　企业岗位职业能力要求 ……1

1.3　典型工作任务、职业能力和学习领域分析对应表……1

2.课程设置要求……3

2.1　公共基础课 ……3

2.2　专业技能课 ……4

2.3　综合实训 ……4

2.4　选修课 ……4

3.课程体系结构……4

4.教学安排……5

5.下一步思考……7

城市轨道交通运营管理专业人才培养方案(试行) ……9

1.专业名称及代码……9

2.招生对象……9

3.基本学制……9

4.培养目标及人才培养规格……9

4.1　培养目标 ……9

4.2　人才培养规格与毕业条件 ……9

4.3　主要接续专业 ……11

5.职业岗位分析与职业资格证书 ……11

5.1　职业能力分析 ……11

5.2 职业资格证书 …… 14
6. 教学分析与课程体系 …… 14
6.1 课程设置及要求 …… 14
6.2 典型工作任务对应的学习领域(主要课程) …… 22
6.3 课程结构图 …… 22
7. 人才培养模式 …… 24
7.1 人才培养模式内涵 …… 24
7.2 实施过程 …… 25
8. 教学安排与教学进程表 …… 25
8.1 基本要求 …… 25
8.2 教学进程表 …… 26
9. 教学方法与考核评价 …… 28
9.1 教学要求 …… 28
9.2 教学模式 …… 28
9.3 教学管理 …… 29
9.4 教学评价 …… 30
10. 实施保障 …… 31
10.1 教学资源库 …… 31
10.2 实训实习环境 …… 32
10.3 校企合作 …… 33
10.4 专业教师队伍 …… 35
11. 其他说明 …… 36

城市轨道交通运营管理专业课程体系报告

为贯彻和落实国家关于中等职业学校专业设置和教学标准要求的相关文件精神，根据重庆铁路运输高级技工学校市级示范校建设计划项目中“双平台、四对接、四环节”工学融合人才培养模式改革建设内容的要求，结合城市轨道交通运营管理专业前期调研数据的分析结果，召开了典型工作任务和职业能力分析报告会，总结提炼构建了该课程体系。

1. 课程构建依据

1.1 政策文件

本专业课程体系构建主要依据的是《教育部办公厅关于制订中等职业学校专业教学标准的意见》(教职成厅〔2012〕5号)，充分参考近年来国家和教育部编制出台的相关专业教学标准等内容要求。

1.2 企业岗位职业能力要求

本课程体系建构在对行业企业用人需求和毕业生就业情况进行调研的基础上，依据国家职业技能标准，以行业企业对员工的职业能力需求为标准，在“专业建设指导委员会”的指导下，校企共同进行“以职业能力为导向”的课程体系开发。即，通过对行业企业的调研，结合企业技术专家的意见，按照职业基础能力、职业核心能力、职业综合能力3个层次来确定职业能力标准，开发以“项目+任务”为载体的课程，融理论知识和技能于一体，使实践技能训练的比例达60%及以上。

1.3 典型工作任务、职业能力和学习领域分析对应表

典型工作任务、职业能力和学习领域分析对应表见表1。

表1　典型工作任务、职业能力和学习领域分析对应表

序号	工作岗位	典型工作任务	任务分类	职业能力	行动领域	学习领域（课程）
1	站务员（站台岗）	1.1 乘客乘降组织 1.2 站台接发列车作业 1.3 屏蔽门监控及简单故障处理 1.4 手信号显示 1.5 手摇道岔操作 1.6 电话闭塞法组织行车	1.1	乘客乘降组织能力	客运组织	“客运组织”
			1.2、1.4、1.5、1.6	列车运行组织、紧急情况下行车组织能力	行车组织	“行车组织”
			1.3	轨道交通运输车站设备的运用能力	轨道交通运输车站设备使用	“车站设备使用”
2	站务员（厅巡岗）	2.1 乘客进出站及购票引导 2.2 AG票箱更换操作及简单故障处理 2.3 电扶梯、消防设备的使用与检查 2.4 大客流情况下的客流组织 2.5 正常情况下的客流组织	2.1	引导乘客使用自动售票设备的能力	客运服务	“客运服务”
			2.2	使用和维护自动售票设备的能力	票务管理	“票务管理”
			2.3	电扶梯、消防设备等轨道交通运输车站设备的运用能力	轨道交通运输车站设备使用	“车站设备使用”
			2.4、2.5	客流组织能力	客运组织	“客运组织”
3	站务员（票务岗）	3.1 BOM的售票及充值作业 3.2 乘客票务事务（补票、票卡异常）的处理 3.3 乘客投诉及纠纷的处理 3.4 票务报表及台账的填写 3.5 票款结算及交接	3.1、3.3	处理异常车票能力、处理乘客投诉以及处理纠纷的能力	客运服务	“客运服务”
			3.2、3.4、3.5	处理乘客事务、填写票务报表及票款结算的能力	票务管理	“票务管理”

续表

序号	工作岗位	典型工作任务	任务分类	职业能力	行动领域	学习领域（课程）
4	值班员（客运值班员）	4.1 TVM补币、钱箱更换 4.2 票卡及现金管理 4.3 票务报表的正确填报 4.4 客运服务纠纷处理 4.5 客伤事故处理 4.6 大客流情况下的客流组织	4.1、4.2、4.3	票务设备的使用与维护、车票及现金的管理、票务报表的填写与审核能力	票务管理	“票务管理”
			4.4、4.5、4.6	处理乘客事务、客伤事件及异常情况下客流组织的能力	客运服务	“客运服务”
5	值班员（行车值班员）	5.1 车站ATS工作站的使用 5.2 填写行车凭证及其他各种报表 5.3 IBP盘的使用 5.4 办理施工登记 5.5 综合监控系统的使用 5.6 行车事故的处理	5.1、5.2、5.4、5.6	车站行车组织系统的使用、报表填写、施工登记办理、行车事故的处理能力	行车组织	“行车组织”
			5.3、5.5	IBP盘、车站综合监控系统等轨道交通运输车站设备的运用能力	车站设备使用	“车站设备使用”

2. 课程设置要求

2.1 公共基础课

公共基础课是城市轨道交通运营管理专业的必修课程，主要包括教育部规定的德育、语文、数学、英语、体育、心理健康、计算机应用基础等。该类课程的开设目的主要是培养学生德、智、体、美和创新创业、社会实践等通用能力。

2.2 专业技能课

(1)专业核心课

专业核心课为本专业的基础课程，是客运服务、行车组织两个方向的必修课程，主要包含轨道交通服务礼仪、城市轨道交通客运组织与服务(上)、城市轨道交通客运组织与服务(下)、城市轨道交通车站设备、城市轨道交通行车组织、城市轨道交通运营安全、城市轨道交通概论等。

(2)专业方向课

专业方向课为本专业技能方向课程，安排在第4、5学期。该类课程的开设主要是为了培养学生的专业技能，有针对性地对不同的工种进行专项训练，为学生进入高层次专业学习和可持续发展提供支撑。

2.3 综合实训

综合实训是为进一步熟悉岗位工作过程工作规范，培养学生整体化职业能力而开设的综合实训课程，主要通过在校内和校外实训基地开展综合实训、生产性实训和顶岗实习完成。校内实训主要包括专业认识实习、车站设备实习、行车组织实习、应急处理实习。生产性实训主要指利用寒暑假参加春运和暑运实习。顶岗实习是指城市轨道交通运营管理专业学生在前5学期校内实习和生产性实训基础上，在第6学期到企业跟岗实习，学校与企业共同对学生进行培养。

2.4 选修课

为充分满足学生自主学习和综合发展，学生在学习城市轨道交通运营管理专业领域必备的理论知识基础上还可以学习选修课程：铁道概论、运输经济学、市场营销、乘客心理学、机械基础知识、工程制图等。同时，为了培养学生的写作能力和团队合作精神，更好地适应岗位需求，本专业还开设了应用文写作与团队合作作为选修课程。所有选修课的教学和时间安排根据专业课程体系综合设计，使学生在学好专业基本技能的基础上能够形成终身发展的能力。

3.课程体系结构

根据城市轨道交通运营管理专业职业能力要求和标准，结合重庆铁路运输高级技工学校“双平台、四对接、四环节”工学融合的人才培养模式和“三模拟一标准”职场化技能训练教学模式实施要求，在企业专家、教育专家和本专业全体教师对人才需求调研报告及职业能力分析报告充分论证的基础上，构建本专业的课程体系。

城市轨道交通运营管理专业课程体系分为公共基础课、专业技能课、综合实训、选修课4部分，其中，专业核心课程主要培养学生的基础能力，专业方向课程根据行业需求，结合企业调研，将专业技能分为行车组织和客运服务两个方向来培养学生的职业能力。

城市轨道交通运营管理专业课程体系结构图如图1所示。

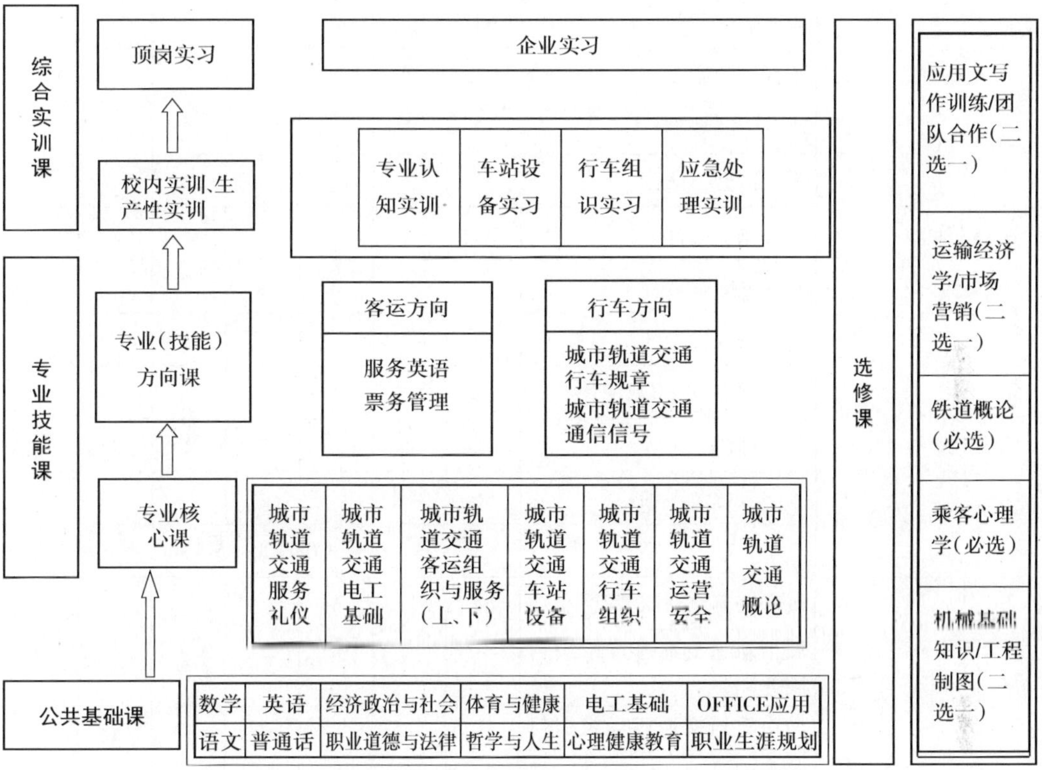

图1 城市轨道交通运营管理专业课程体系结构图

4.教学安排

教学安排表见表2。

表2 教学安排表

课程类别	课程名称	学时	各学期周数、学时分配(每学期按18周计)					
			1	2	3	4	5	6
公共基础课	数学模块	128	4	4				

续表

课程类别		课程名称	学时	各学期周数、学时分配（每学期按18周计）					
				1	2	3	4	5	6
公共基础课		语文模块	128	4	4				
		英语模块	128	4	4				
		普通话	64			4			
		体育与健康	162	2	2	2	2	2	
		职业生涯规划	32	2					
		职业道德与法律	32				2		
		经济政治与社会	34					2	
		心理健康教育	32		2				
		哲学与人生	32				2		
		办公软件OFFICE应用	96			6			
		体能训练	162	2	2	2	2	2	
		入学教育及军训	56	2周					
		小　计	1 086(32.85%)						
专业技能课	专业核心课	城市轨道交通服务礼仪	64		4				
		城市轨道交通客运组织与服务(上)	64				4		
		城市轨道交通客运组织与服务(下)	64					4	
		城市轨道交通车站设备	96			6			
		城市轨道交通行车组织	96				6		
		城市轨道交通运营安全	64					4	
		城市轨道交通概论	96		6				
		城市轨道交通电工基础	96	6					
		站场与枢纽	64			4			
		小　计	704(21.29%)						
	专业技能1(行车组织方向)	城市轨道交通行车规章	102					6	
		城市轨道交通通信信号	96				6		

续表

课程类别		课程名称	学时	各学期周数、学时分配（每学期按18周计）					
				1	2	3	4	5	6
专业技能课	专业技能2（客运服务方向）	城市轨道交通服务英语	96				6		
		城市轨道交通票务管理	102					6	
		小　计	396(11.98%)						
综合实训	校内实习	专业认识实习	56		2周				
		车站设备实习	56			2周			
		行车组织实习	56				2周		
		应急处理实习	28					1周	
	生产性实训（春运实习、暑假实习）			寒假	暑假	寒假	暑假	寒假	暑假
	顶岗实习								600
		小　计	796(24.08%)						
选修课		应用文写作/团队合作（二选一）	64	4					
		铁道概论(必选)	64			4			
		运输经济学/市场营销（二选一）	68					4	
		乘客心理学（必选）	64					4	
		机械基础知识/工程制图（二选一）	64				4		
		小　计	324(9.8%)						
总　计			3 306						

编制说明：本课程体系中公共基础课共1 086学时，占32.85%；专业核心课共704学时，占21.29%；专业方向课共198学时，占11.98%；综合实训共796学时，占24.08%；选修课共324学时，占9.8%；专业技能课包括专业核心课、专业方向课。

5.下一步思考

根据当前构建的本专业课程体系，结合岗位典型工作任务与职业能力分析结果，本专业将进一步根据专业教学改革需要编制相关课程标准，形成本专业核心课程标准汇编。具体目录见表3。

表3 专业核心课程标准汇编

序号	课程标准名称
1	“城市轨道交通行车组织”
2	“城市轨道交通运营安全”
3	“城市轨道交通客运服务”
4	“城市轨道交通客运组织”
5	“城市轨道交通车站设备”
6	“轨道交通服务礼仪”
7	“城市轨道交通概论”

城市轨道交通运营管理专业
人才培养方案(试行)

1.专业名称及代码

1.1　专业名称:城市轨道交通运营管理
1.2　专业代码:080700

2.招生对象

应、往届初中毕业或具有同等学力者

3.基本学制

三年

4.培养目标及人才培养规格

4.1　培养目标

本专业主要面向城市轨道交通企业,培养从事客运组织与站务管理、安全管理、车站设备操作等工作的具有职业生涯发展基础和职业迁移的高素质技能型人才。

4.2　人才培养规格与毕业条件

本专业培养具有一定文化素养,德智体美全面发展,具有良好的职业道德素质、心理素质和人际沟通能力,牢固掌握城市轨道交通运营方面的基本理论,具备熟练的车站票务、客运组织和行车操作技能,能在城市轨道交通企业从事车站票务、站台安全及应急处理、车站设备操作等工作的高素质技能型人才。本专业毕业生应具有以下职业素养、专业知识和专业技能。

(1)职业素养

①诚实守信、吃苦耐劳,具有良好的道德品质和健康的心理。

②热爱专业,勤奋学习,积极进取,勇于开拓。

③具有良好的职业礼仪和沟通能力,包括着装、言行等规范。

④具有良好的职业态度,遵守劳动纪律,心理素质稳定,能适应高度紧张的工作。

⑤具有积极的心态,团队意识强,能与他人良好合作,具有强烈的工作责任心和时间观念。

(2)专业核心知识和技能

①能识记城市轨道交通行车、站务、客运组织和票务以及与地铁运营相关的规章制度和安全知识。

②能够描述城市轨道交通车站有关客流组织、票务和行车设施设备的操作流程。

③掌握城市轨道交通行车值班员、客运值班员、站务员等岗位的岗位技能。

④熟练操作城市轨道交通相关设备设施,具备客流组织、接发列车办理及突发事件处理等专业技能。

(3)专业方向知识和技能

①客运服务方面:掌握售检票作业、票务应急处理技能,能有序地组织客流、耐心提供乘客问询服务及巧妙处理应急情况。

②行车组织方面:能进行接发列车操作、管理施工作业、处理行车组织及突发事件。

(4)毕业条件

①必须具有重庆市中职学生三年完整学籍。

②各科成绩必须在合格及以上。

③学生实习实训、顶岗实习成绩必须在合格及以上。

④学生道德品质评价必须在合格及以上。

⑤学生自评、互评以及教师评价必须在合格及以上。

⑥学生在家表现必须在合格及以上。

⑦没有受到学校警告以上处分或处分已经撤销。

⑧须考取中级客运服务员证书,普通话达到二级乙等及以上。

4.3 主要接续专业

本专业学生可参加对口高考，进入相关高职、本科院校继续学习，也可以参加单独招考进入高等院校深造，还可以参加广播电视大学继续学习。

高职：高速铁路客运乘务专业、城市轨道交通运营管理专业。

本科：交通运输专业。

5.职业岗位分析与职业资格证书

5.1 职业能力分析

通过行业企业调研和典型工作任务以及职业能力分析会主持人的解读，经过与会专家、企业管理人员及学校专业教师人员的研讨，提炼总结出城市轨道交通运营管理专业各岗位群涉及的典型任务，分析得出工作任务及职业能力分析表，见表4。

表4 典型工作任务和职业能力分析表

序号	典型工作任务	职业能力分析	行动领域
1	1.1 乘客乘降的组织 1.2 大客流情况下的客流组织 1.3 正常情况下的客流组织	1.1 知识能力 (1)客流分析能力 (2)乘客导向标志的识别与运用 (3)组织乘客乘降的能力 (4)正常情况下乘客的引导和疏散 (5)客流组织设备的使用方法 (6)客流流线的布设能力 (7)非正常情况下乘客紧急疏散能力 1.2 方法能力 (1)表达能力 (2)职业道德素养 (3)操作能力 (4)获取信息能力 (5)解决问题能力 (6)判断能力 (7)分析能力 (8)运用理论知识能力 1.3 素质能力 (1)组织协调能力 (2)沟通能力 (3)服务意识 (4)团队合作能力 (5)服从意识	客运组织

续表

序号	典型工作任务	职业能力分析	行动领域
2	2.1 乘客进出站及购票引导 2.2 BOM的售票及充值作业 2.3 客运服务纠纷处理 2.4 客伤事故处理	2.1 知识能力 (1)车站设备的布局及流向引导能力 (2)半自动售票机的售票及充值作业方法 (3)不同岗位的服务能力 (4)客运服务纠纷处理能力 (5)客伤事故的处理能力 2.2 方法能力 (1)表达能力 (2)职业道德素养 (3)获取信息能力 (4)解决问题能力 (5)理论联系实际能力 (6)服务技巧及服务用语的使用能力 (7)灵活处理突发事件的能力 2.3 素质能力 (1)服务意识 (2)组织协调能力 (3)沟通能力 (4)团队合作能力 (5)服从意识	客运服务
3	3.1 屏蔽门监控及简单故障处理 3.2 电扶梯、消防设备的使用与检查 3.3 IBP盘的使用 3.4 综合监控系统的使用	3.1 知识能力 (1)闸机的使用及简单故障处理 (2)电扶梯、消防设备的使用及简单故障处理 (3)IBP盘的使用 (4)综合监控系统的使用及简单故障处理 3.2 方法能力 (1)设备操作能力 (2)解决问题的能力 (3)判断能力 (4)分析能力 3.3 素质能力 (1)沟通能力 (2)服从意识 (3)团队合作能力	车站设备使用

续表

序号	典型工作任务	职业能力分析	行动领域
4	4.1 AG票箱更换操作及简单故障处理 4.2 乘客票务事务的处理 4.3 票务报表及台账的填写 4.4 票款结算及交接 4.5 TVM补币、钱箱更换 4.6 票卡及现金管理	4.1 知识能力 (1)闸机的使用及简单故障处理 (2)半自动售票机的使用及简单故障处理 (3)乘客票务事务的处理能力 (4)票务报表及台账的填写方法 (5)票款结算及交接方法 (6)票卡及现金管理方法 4.2 方法能力 (1)设备操作能力 (2)解决问题的能力 (3)判断能力 (4)分析能力 4.3 素质能力 (1)沟通能力 (2)服从意识 (3)团队合作能力	票务管理
5	5.1 站台接发列车作业 5.2 车站ATS工作站的使用 5.3 填写行车凭证及其他各种报表 5.4 办理施工登记 5.5 行车事故的处理 5.6 手信号显示 5.7 手摇道岔操作 5.8 电话闭塞法组织行车	5.1 知识能力 (1)站台接发列车能力 (2)车控室行车备品的使用能力 (3)手信号显示能力 (4)手摇道岔操作能力 (5)电话闭塞法组织行车方法 (6)车站ATS工作站的使用能力 (7)施工登记的办理方法 (8)行车事故的处理方法 5.2 方法能力 (1)表达能力 (2)职业道德素养 (3)操作能力 (4)获取信息能力 (5)解决问题能力 (6)判断能力 (7)分析能力 (8)运用理论知识能力 (9)灵活处理突发事件的能力 5.3 素质能力 (1)沟通能力 (2)服从意识 (3)团队合作能力	行车组织

5.2 职业资格证书

本专业毕业生主要就职于国内城市轨道交通企业，从事车站客流组织、售检票服务、乘客问询引导及接发列车等工作。其对应职业岗位主要是站务员（含站台岗、票务岗和厅巡岗）和值班员（含客运值班员和行车值班员）。职业范围见表5。

表5 职业范围

序号	专业（技能）方向	对应职业（岗位）	职业资格证书举例
1	客运服务	站务员（票务岗、厅巡岗） 值班员（客运值班员）	铁路客运员（必考） 助理值班员（必考）
2	行车组织	站务员（站台岗） 值班员（行车值班员）	站务员（选考） 助理值班员（必考）

6.教学分析与课程体系

6.1 课程设置及要求

(1)公共基础课

公共基础课是城市轨道交通运营管理专业的必修课程，主要包括教育部规定的德育、语文、数学、英语、体育、心理健康、计算机应用基础等。该类课程的开设主要是为了培养学生德、智、体、美和创新创业、社会实践等通用能力。具体设置及要求见表6。

表6 公共基础课程设置及要求

序号	课程名称	主要教学内容和要求	参考学时
1	数学模块	依据《中等职业学校数学教学大纲》开设，使学生进一步学习并掌握职业岗位和生活中所必要的数学基础知识 培养学生的计算技能、计算工具使用技能和数据处理技能，以及观察能力、空间想象能力、分析与解决问题能力和数学思维能力 引导学生逐步养成良好的学习习惯、实践意识、创新意识和实事求是的科学态度，提高学生的就业能力与创业能力	128

续表

序号	课程名称	主要教学内容和要求	参考学时
2	语文模块	依据《中等职业学校语文教学大纲》开设,使学生进一步提高正确理解与运用语言文字的能力,提高其科学文化素养,以适应就业和创业的需要 指导学生学习必需的语文基础知识,掌握日常生活和职业岗位需要的现代文阅读能力、写作能力、口语交际能力,具有初步的文学作品欣赏能力和浅易文言文阅读能力 指导学生掌握基本的语文学习方法,养成自学和运用语文的良好习惯 引导学生重视语言的积累和感悟,接受优秀文化的熏陶,提高思想品德修养和审美情趣,形成良好的个性、健全的人格,促进职业生涯的发展	128
3	英语模块	依据《中等职业学校英语教学大纲》开设,帮助学生进一步学习英语基础知识,培养听、说、读、写等语言技能,初步形成职场英语的应用能力 激发和培养学生学习英语的兴趣,提高学生学习的自信心,帮助学生掌握学习方法,养成良好的学习习惯,提高自主学习能力 引导学生了解、认识中西方文化差异,培养正确的情感、态度和价值观	128
4	普通话	能说标准规范的普通话,具备较强的口语表达能力,能够在各种交际语境中根据需要谈话或讲话、表达得体、语态自然大方 掌握语音基础知识、普通话声母、普通话韵母	64
5	体育与健康	依据《中等职业学校体育与健康教学大纲》开设,培养学生的运动爱好和专长,具备改善与保护身体健康的意识,能有针对性地选择利于健康状况的科学健身手段	162
6	职业生涯规划	依据《中等职业学校职业生涯规划教学大纲》开设,注重培养学生的职业评估意识、确定自己的职业目标以及职业定位	32
7	职业道德与法律	以培养学生良好行为习惯、创新精神和实践能力为目标,以重庆铁路运输高级技工学校"追求完美道德,发展个性特长"的办学理念为引领,以丰富多彩的活动为载体,从创新的思路和扎实的工作入手,创建安全和谐校园和优良校风,扎实推进学校德育工作,走德育工作的特色之路	32

续表

序号	课程名称	主要教学内容和要求	参考学时
8	经济政治与社会	掌握我国社会主义经济建设、政治建设、文化建设、社会建设的有关知识 提高学生思想政治素质，提高辨析社会现象、主动参与社会生活的能力	34
9	心理健康教育	本课程是一门以班级心理辅导活动课为主要手段，以适应学校、学习、人际交往、职业生涯规划辅导为主要学习内容，以提高中职学校学生心理健康水平和职业生涯规划能力为主要目的的必修课程 培养学生良好心理素质，良好的心理素质是学生全面发展和终身发展的基础 心理健康教育课程在非智力因素发展上的多重功用决定了心理健康教育课程在中职学校教育中的独特地位	32
10	哲学与人生	指导学生运用辩证唯物主义和历史唯物主义的观点和方法正确看待社会的发展，正确认识和处理人生发展中的基本问题	32
11	办公软件OFFICE应用	依据《中等职业学校计算机基础教学大纲》开设，使学生了解、掌握计算机应用基础知识，提高计算机基本操作、办公应用、网络应用、多媒体技术应用等技能，使学生初步具备使用计算机解决学习、工作、生活中常见问题的能力 培养学生根据职业需求应用计算机技术获取信息、处理信息、分析信息、发布信息的能力，逐渐养成独立思考、主动探究的学习习惯，严谨的科学态度和团队协作意识 培养学生树立知识产权意识，遵守社会公共道德规范和相关法律法规，自觉抵制不良信息，依法进行信息技术活动	96
12	体能训练	培养学生认真学习、刻苦锻炼和吃苦耐劳的良好习惯 提高学生的有氧耐力和力量素质	162

(2)专业技能课

①专业核心课(见表7)

表7 专业核心课程设置及要求

序号	课程名称	主要教学内容和要求	参考学时
1	轨道交通服务礼仪	了解服务礼仪的概念和特征 掌握仪容礼仪中的修饰要求及化妆的基本原则 掌握服饰礼仪的基本原则及城市轨道交通服务人员的服饰要求 掌握正确的肢体动作 掌握城市轨道交通行业从业人员的岗前准备 会使用标准的服务用语	64
2	城市轨道交通客运组织与服务(上)	了解城市轨道交通客运的相关概念 理解城市轨道交通客运及客流的相关概念、特征 掌握城市轨道交通客运服务的相关规范、守则和标准 会根据轨道交通客运服务的相关规范、守则和标准进行车站客运服务和非正常情况下的客运组织 掌握客运作业考核指标并能进行客运服务质量评价	64
3	城市轨道交通客运组织与服务(下)	了解客流的基本概念及乘客导向标志 会对客流进行分析 掌握城市轨道交通车站客流组织方案、大客流组织、设置以及紧急情况下的乘客疏散和急救措施	64
4	城市轨道交通车站设备	了解环控系统设备的组成、运行与管理 了解火灾报警控制器的功能,掌握火灾报警控制器的操作 了解自动喷水灭火系统组成,掌握自动喷水灭火系统相关操作 了解车站BAS系统的构成与功能 会操作站厅、站台、管理用房及区间隧道所有的常用照明灯具与事故照明灯具	96
5	城市轨道交通行车组织	了解行车设备管理、车站行车组织,施工检修作业管理和行车事故处置 理解列车运行图及编制列车运用计划 能操作道岔,识别信号 掌握行车控制台的操作,完成车站和车辆基地的行车组织工作	96

续表

序号	课程名称	主要教学内容和要求	参考学时
5	城市轨道交通行车组织	能识读列车运行图、编制列车运用计划、进行施工检修作业管理 能完成行车事故的初步处置及信息传递	
6	城市轨道交通运营安全	了解事故发生的过程、原因和事故责任 了解国家安全生产法律、规程和规定 能熟练进行车控室备品备件的管理工作 能正确判断及处理违禁品 能进行对消防泵房、环控用房巡检及相关设备的现场维护保养 能根据相关条例进行安全生产	64
7	城市轨道交通概论	了解城市轨道交通的概念及其组成和运行 了解城市轨道交通供电牵引系统的基本组成 了解城市轨道交通车辆的构造 了解城市轨道交通的车辆基地 了解城市轨道交通信号系统的原理 理解城市轨道交通的定义、类型及特征 理解城市轨道交通信号系统的组成 掌握城市轨道交通线路设备的组成及其作用 掌握城市轨道车站设备的组成及其作用 掌握城市轨道交通信号系统的应用	96
8	城市轨道交通电工基础	培养学生理论分析及应用能力,掌握电子电路的基础概念、基本理论和基本分析方法 培养学生具备电子仪器仪表使用、实践操作规范、常用软件使用等基本实践能力,掌握电子电路的安装、调试及故障排除方法,为车站设备简单维护操作奠定基础	96
9	站场与枢纽	掌握车站配线的连接及平、纵断 掌握各类车站(中间站、区段站、编组站、客运站、货运站)的布置图与设备数量 了解铁路枢纽的总布置图与规划 了解调车驼峰的线路设计	64

②专业技能(方向)课程

a.行车组织方向(见表8)

表8　行车组织方向课程设置及要求

序号	课程名称	主要教学内容和要求	参考学时
1	城市轨道交通行车规章	了解城市轨道交通安全通则的基本原则和术语、城市轨道交通的运营与管理、城市轨道交通的车辆安全管理及城市轨道交通限界的概念 了解城市轨道交通通风系统、空调系统、给排水及防灾报警系统的管理 掌握城市轨道交通行车规范的基础知识、行车基本规定、行车运营管理办法、行车车辆设计和限界尺寸的要求	102
2	城市轨道交通通信信号	掌握城市轨道交通通信信号设备的概况及特点、城市交通信号基础设备相关知识、车辆段及正线联锁设备基本结构与操作方式的相关知识 掌握列车自动控制系统ATC设备的构成及功能 掌握城市轨道交通电话系统、无线调度系统、闭路电视系统、广播系统及时钟系统的相关知识	96

b.客运组织方向(见表9)

表9　客运组织方向课程设置及要求

序号	课程名称	主要教学内容和要求	参考学时
1	城市轨道交通服务英语	会使用社交用语 能识读轨道交通相关设备的英文名称 能使用轨道交通行业规范用语为乘客提供英语服务 会常用社交英文对话 会识读轨道交通相关设备的英文名称 能用车站英语进行客运服务	96
2	城市轨道交通票务管理	了解自动售检票系统的发展和车票种类 掌握售检票系统的组成、车票的分类及管理流程 能进行车站的售检票作业、票卡分析、办理退票作业 能填写各类票务台账,完成票务结算和现金封包、缴款 会售票作业、检验票作业、票卡分析、退票作业、各类票务台账的填写、票务结算、现金封包和缴款操作	102

③综合实训课程

综合实训课程是指为强化技能训练、进一步提升专业知识与技能的综合应用能力、帮助学生取得职业资格证书等而开设的综合性实训项目,其主要内容包括阶段性岗位见习、社会实践活动、毕业实习前综合实训、职业资格考试要求的实践技能训练等。在前5学期教学实习的基础上,第6学期安排城市轨道交通运营管理专业学生到企业顶岗实习,实现顶岗与就业合一,学校与企业共同对学生进行培养。其涉及主要课程包括城市轨道交通行车组织、城市轨道交通票务管理、城市轨道交通运营安全、城市轨道交通客运组织、城市轨道交通车站设备等。

毕业生顶岗实习是学生职业技能和职业岗位工作能力培养的重要实践教学环节,也是中等职业学校专业教学的重要内容。顶岗实习要认真落实教育部、财政部关于《中等职业学校学生实习管理办法》和教育部办公厅发布的《职业学校专业(类)顶岗实习标准》的有关要求,对顶岗实习进行科学设计、合理安排、精心组织、规范管理,在确保学生实习总量的同时,保证实习岗位与本专业面向的岗位群一致,并覆盖执业准入标准的内容。顶岗实习安排在第6学期进行,课时为600学时。

订单班的顶岗实习根据合作企业要求可作适当调整。

顶岗实习由学校实习就业处牵头,专业部和实习单位共同组织和管理,由学校教师和企业技术或管理人员共同组成实习指导教师队伍,指导学生顶岗实习。

顶岗实习应按照"学以致用、专业对口、理论与实践相结合"的原则制订实习计划,开展专业教学和职业技能训练,组织参加相应的职业资格考试。学校和实习单位在学生实习期间,要严格遵守国家有关法律法规,为学生实习提供必要的实习条件和安全健康的实习劳动环境,维护学生的合法权益,确保学生在实习期间的人身安全和身心健康。其具体设置和要求见表10。

表10　校内实训课程设置及要求

序号	课程名称	主要教学内容和要求	参考学时	开设学期
1	专业认识实习	了解本专业的就业方向和前景 掌握本专业的岗位设置、规章制度及安全等相关内容	56	第2学期
2	车站设备实习	了解OCC、CTC、线路设备的相关内容 认识IBP盘、PA广播、BAS和FAS展板 掌握自动售票机的使用与简单维护、半自动售票机的使用与简单维护、闸机的使用与简单维护	56	第3学期
3	行车组织实习	掌握IBP盘的简单操作、接发列车进路的排列、ATS平台操作及列车运行图编制	56	第4学期
4	应急处理实习	掌握各类应急处理的办法和技巧、各类应急预案的演练	28	第5学期

④专业选修课程

为充分满足自主学习和综合发展,学生在学习城市轨道交通运营管理专业领域必备的理论知识的基础上还可以学习选修课程:铁道概论、运输经济学、市场营销、乘客心理学、机械基础知识、工程制图等。同时,为了培养学生的写作能力和团队合作精神,更好地适应岗位需求,本专业还开设了应用文写作与团队合作作为选修课程。所有选修课教学和时间安排根据专业课程体系综合设计,使学生在学好专业基本技能的基础上能够形成终身发展的能力。其具体设置及要求见表11。

表11　选修课程设置及要求

序号	课程名称	主要教学内容和要求	参考学时
1	应用文写作	掌握党政公文、行政公文(通知、通报、请示、批复等)、事务文书、日常文书、经济文书的写法,培养学生的写作能力	64
2	团队合作	通过对团队合作过程原理、技巧的剖析和活动实践,学生掌握团队合作的主要步骤与方法,认知和感受团队的魅力 通过团队信任和团队精神的塑造,学生融入团队,掌握团队沟通、冲突处理的技巧,学会和理解团队培育的方法,提升团队执行力和领导力,掌握团队激励的原则和方法,培养团队合作的意识和理念,学会与人合作	64
3	铁道概论	了解铁路运输业 掌握铁路运输设备的基本构造、基本原理	64
4	运输经济学	了解运输经济学的基本原理及运用,其主要内容包括:运输的意义及其产业特征、运输需求与运输供给、运输成本与运输价格、运输市场与运输企业、运输基建项目投资、融资与经营、运输基建项目经济评价、运输政策、运输与可持续发展	68
5	市场营销	本课程主要讲授市场营销的核心理念与专业核心技能,并对学生进行适当的营销技能训练 本课程对学生从事营销相关职业的能力培养和营销职业素质的养成起主要支撑或明显促进作用,在专业课程体系中发挥着重要的承前启后的作用	68

续表

序号	课程名称	主要教学内容和要求	参考学时
6	乘客心理学	掌握优质服务与心理学的关系、心理学基础 学会运用心理学知识分析乘客行为、找出乘客需求，为乘客提供优质服务 掌握运营管理者基础知识	64
7	机械基础知识	培养学生正确分析、使用和维护机械的基本知识、基本理论及基本技能，初步具备运用手册设计简单机械的能力，为识读车站各类设备装配图，进行拆装、简单维护设备奠定必要的基础	64
8	工程制图	本课程以平行投影理论为基础，讲授工程图形成的基本原理，介绍相关的国家标准、专业图样的绘制和阅读方法，为学生识读车站设备的各种图形并进行简单的维护与维修打下坚实的基础	64

6.2 典型工作任务对应的学习领域(主要课程)(见表12)

表12 典型工作任务对应的课程

序号	典型工作任务	行动领域	学习领域(主要课程)
1	1.1 1.2 1.3	客运组织	"城市轨道交通客运组织"
2	2.1 2.2 2.3 2.4	客运服务	"城市轨道交通客运服务"
3	3.1 3.2 3.3 3.4	车站设备使用	"城市轨道交通车站设备使用"
4	4.1 4.2 4.3 4.4 4.5 4.6	票务管理	"城市轨道交通票务管理"
5	5.1 5.2 5.3 5.4 5.5 5.6 5.7 5.8	行车组织	"城市轨道交通行车组织"

6.3 课程结构图

(1)课程模块

本专业在进行上述职业能力分析的基础上，构建了基于工作过程的，包含职业基础模块(公共基础课程)、职业技能模块(专业核心课程与专业方向课程)、职业拓展模块(选修课程)和综合实训模块(校内实训、生产性实训和顶岗实习)，体现"双平台、四对接、四环节”工学融合人才培养模式特点的课程体系。

①职业基础模块

公共基础课程是城市轨道交通运营管理专业的必修课程,主要包括教育部规定的德育、语文、数学、英语、体育、心理健康、计算机应用基础等。该类课程的开设主要是为了培养学生德、智、体、美和创新创业、社会实践等通用能力。

②职业技能模块

a.专业核心课程

专业核心课程为本专业的基础课程,是客运服务、行车组织两个方向的必修课程,主要包含轨道交通服务礼仪、城市轨道交通客运服务、城市轨道交通客运组织、城市轨道交通车站设备、城市轨道交通行车组织、城市轨道交通运营安全、城市轨道交通概论。

b.专业方向课程

专业方向课程为本专业技能方向课程,安排在第4、5学期。该类课程的开设主要是为了培养学生的专业技能,有针对性地对不同的工种进行专项训练,为学生进入高层次专业学习和可持续发展提供支撑。

③职业拓展模块

为充分满足自主学习和综合发展,学生在学习城市轨道交通运营管理专业领域必备理论知识的基础上还可以学习选修课程:铁道概论、运输经济学、市场营销、乘客心理学、机械基础知识、工程制图等。同时,为了培养学生的写作能力和团队合作精神,更好地适应岗位需求,本专业还开设了应用文写作与团队合作作为选修课程。所有选修课教学和时间安排根据专业课程体系综合设计,使学生在学好专业基本技能的基础上能够形成终身发展的能力。

④综合实训模块

为进一步熟悉岗位工作过程和工作规范,培养学生整体化职业能力而开设的综合实训课程,主要通过在校内和校外实训基地开展校内实训、生产性实训和顶岗实习完成。校内实训主要包括专业认识实习、车站设备实习、行车组织实习、应急处理实习。生产性实训主要指学生利用寒暑假参加春运实习和暑运实习。顶岗实习是在前5学期在校内实习和生产性实训基础上,在第6学期安排城市轨道交通运营管理专业学生到企业跟岗实习,学校与企业共同对学生进行培养。

(2)课程结构图(见图2)

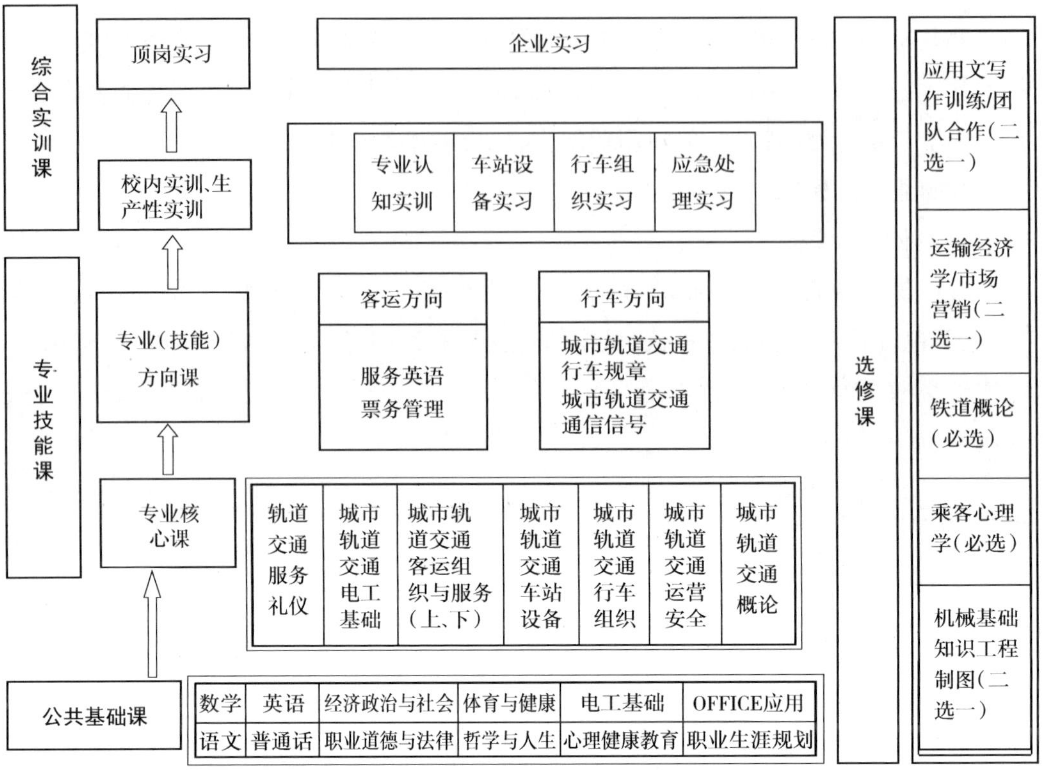

图2 课程结构图

7.人才培养模式

7.1 人才培养模式内涵

通过人才需求调研分析,与行业专家共同研讨本专业对应岗位所涉及的典型工作任务和职业能力,构建了"双平台、四对接、四环节"工学融合的人才培养模式。

"双平台、四对接、四环节"工学融合人才培养模式的内涵:"双平台"是指"学校"与"轨道企业","轨道企业"包括全国城市轨道运营企业、铁路运营局和工程企业以及与轨道相关的装备制造企业;"四对接"是指教学内容与典型工作任务的对接、课程标准与轨道行业标准的对接、教学评价体系与职业技能鉴定的对接以及在教学过程中融入企业文化,实现企业文化和校园文化的对接;"四环节"是指一体化的教学环节、项目综合实训教学环节、生产性实训教学环节和顶岗实习教学环节,其中,3个实训环节尤为重要,可提高学生的专业应用技能。人才培养模式示意图如图3所示。

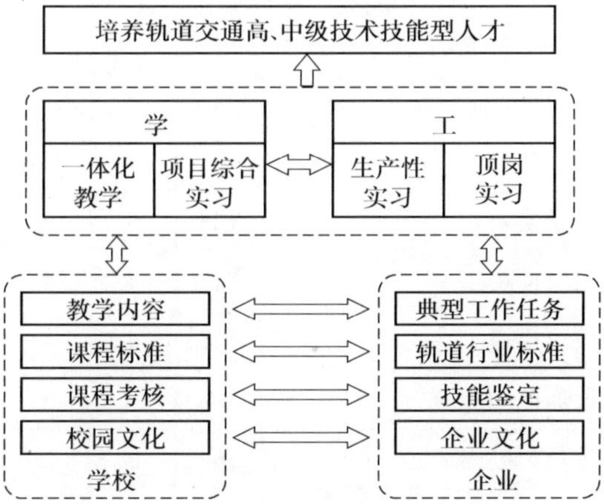

图3 “双平台、四对接、四环节”工学融合人才培养模式示意图

7.2 实施过程

城市轨道交通运营管理专业实施的“双平台、四对接、四环节”工学融合人才培养按照以下过程实施:学生第1—5学期在校完成公共基础课、选修课、专业技能课和综合实训课程的学习;第6学期采用“教学做合一”的教学方式,到城市轨道交通车站等实习基地顶岗实习半年,完成城市轨道交通运营管理专业各岗位技能实践和毕业实习。

8.教学安排与教学进程表

8.1 基本要求

每学年为52周,其中教学时间为40周(含复习考试),累计假期12周,周学时一般为28学时。毕业实习按每周30小时(1小时折合1学时)安排,3年总学时数为3 000~3 300。学校可根据实际情况调整课程开设顺序和周学时安排。

公共基础课学时约占总学时的1/3,允许根据行业人才培养的实际需要在规定的范围内适当调整,但必须保证学生修完公共基础课的必修内容和学时。

专业技能课学时约占总学时的2/3,在确保学生实习总量的前提下,可根据实际需要集中或分阶段安排实习时间,对企业及就业岗位的认知实习应安排在第1学年。

课程设置中应设置选修课,其学时数占总学时的比例不少于10%。

8.2 教学进程表(见表13)

表13 教学安排建议

课程类别		课程名称	学时	各学期周数、学时分配(每学期按18周计)					
				1	2	3	4	5	6
公共基础课		数学模块	128	4	4				
		语文模块	128	4	4				
		英语模块	128	4	4				
		普通话	64			4			
		体育与健康	162	2	2	2	2	2	
		职业生涯规划	32	2					
		职业道德与法律	32				2		
		经济政治与社会	34					2	
		心理健康教育	32		2				
		哲学与人生	32				2		
		办公软件OFFICE应用	96			6			
		体能训练	162	2	2	2	2	2	
		入学教育及军训	56	2周					
		小计	1 086(32.85%)						
专业技能课	专业核心课	城市轨道交通服务礼仪	64		4				
		城市轨道交通客运组织与服务(上)	64				4		
		城市轨道交通客运组织与服务(下)	64					4	
		城市轨道交通车站设备	96			6			
		城市轨道交通行车组织	96				6		
		城市轨道交通运营安全	64					4	
		城市轨道交通概论	96		6				
		城市轨道交通电工基础	96	6					
		站场与枢纽	64			4			
		小计	704(21.29%)						

续表

课程类别		课程名称	学时	各学期周数、学时分配(每学期按18周计)					
				1	2	3	4	5	6
	专业技能1(行车组织方向)	城市轨道交通行车规章	102					6	
		城市轨道交通通信信号	96				6		
	专业技能2(客运服务方向)	城市轨道交通服务英语	96				6		
		城市轨道交通票务管理	102					6	
		小计	396(11.98%)						
综合实训	校内实习	专业认识实习	56		2周				
		车站设备实习	56			2周			
		行车组织实习	56				2周		
		应急处理实习	28					1周	
	生产性实训(春运实习、暑运实习)			寒假	暑假	寒假	暑假	寒假	暑假
	顶岗实习								600
	小计		796(24.08%)						
选修课		应用文写作/团队合作(二选一)	64	4					
		铁道概论(必选)	64			4			
		运输经济学/市场营销(二选一)	68					4	
		乘客心理学(必选)	64					4	
		机械基础知识/工程制图(二选一)	64				4		
		小计	324(9.8%)						
总计			3 306						

编制说明:本课程体系中公共基础课共1 086学时,占32.85%;专业核心课704学时,占21.29%;专业方向课396学时,占11.98%;综合实训796学时,占24.08%;选修课共324学时,占9.8%;专业技能课包括专业核心课、专业方向课。

9.教学方法与考核评价

9.1 教学要求

(1)公共基础课

公共基础课是程城市轨道交通运营管理专业的必修课程，主要包括教育部规定的德育、语文、数学、英语、体育、心理健康、计算机应用基础等。该类课程的开设主要是为了培养学生德、智、体、美和创新创业、社会实践等通用能力。

(2)专业技能课

①专业核心课

专业核心课程为本专业的基础课程，是客运服务、行车组织两个方向的必修课程，主要包含了轨道交通服务礼仪、城市轨道交通客运服务、城市轨道交通客运组织、城市轨道交通车站设备、城市轨道交通行车组织、城市轨道交通运营安全、城市轨道交通概论。

②专业方向课

专业方向课程为本专业技能方向课程，安排在第4、5学期。该类课程的开设主要是为了培养学生的专业技能，有针对性地对不同的工种进行专项训练，为学生进入高层次专业学习和可持续发展提供支撑。

9.2 教学模式

教学模式是在一定教学思想或教学理论指导下建立起来的较为稳定的教学活动结构框架和活动程序。职业教育的生产性强调，教学应与具体生产、服务上具有较高程度的拟合度，即基于工作过程为导向的任务引领式教学模式构建。我们经过深入行业、企业调研，在对城市轨道交通运营管理专业站务员、值班员等岗位的典型工作任务和职业能力进行分析的基础上，结合现代职业教学新理念，以工作任务和职业岗位所需的知识技能作为教学内容选取依据，以工作程序作为教学组织依据，实施和践行“三模拟一标准”的职场化技能训练教学模式。

(1)“三模拟一标准”的职场化技能训练教学模式内涵

职场化技能训练教学模式，是基于职场的工作过程，采用任务驱动的方式，模拟职场工作的场景，进行技能项目训练的模式。它按照“三模拟一标准”的原则来进行，即:教学过程模拟现场工作过程、教学情景模拟现场工作场景、教师学生模拟现场工作人员、教学内容评价的标准按照岗位职业标准进行。

职场化技能训练教学模式通常由教学目标、操作程序、实现条件、教学评价4个因素构成。值得强调的是,在设定处于核心地位的教学目标设时,一定要最大限度地满足企业的需求。在模式的实施过程中,通过校企合作的方式,对企业岗位需求和职业标准进行调研,确定实施方案,以此来促进教学与职场的深度对接。

(2)"三模拟一标准"的职场化技能训练教学模式实施

为了更好地实施运营专业的课程体系,实现运营专业的人才培养目标,本专业将改变以往传统教学理念,坚持围绕"双平台、四对接、四环节"工学融合人才培养模式,采用"三模拟一标准"进行教学,不仅培养学生理论联系实际的能力,还可以充分发挥学生主动学习的兴趣和激情。在传统的"三模拟一标准"教学中"开展行业调研→制订项目训练目标→进行项目设计→项目训练实施→训练效果反馈"的教学流程,在教学过程中统筹设计讲授和操作示范、学生分组、操作训练、巡回指导、技术纠正及安全事项,以满足运营专业教学需要。

我们从"教师教"向"学生学"转化、从"一专"向"一专多能"转化、从"学习能力"向"职业能力"转化。本着循序渐进的原则,本专业教学模式改革的实践教学以"以点带面"的方式推进。首先,在部分专业核心课程中实施,在专业教研室内试讲,教师充分讨论、提供意见建议,统一认识达成共识;然后,组织全校示范课教学,让教师在实践中切磋、不断提高;最后,在专业技能课程中推广,全面启动"三模拟一标准"教学模式的实践教学。

9.3 教学管理

教学管理在规范与灵活性的原则下,为体现专业特点,保证教、学、做三者相结合,应结合学校实际教学资源,合理安排课程、调配教师,提高校内实训室的课内、外使用效率,积极协调校外实训基地,聘请中级以上职称的企业专家参与教学活动,共同保证本标准的实施质量。

(1)教学管理体系

①教学管理体系

教学管理严格执行学校的三级教学管理体系(如图4所示),加强对教学过程的质量监控,改革教学评价的标准和方法,做好教师培训培养工作,积极开展科学研究,促进教师教学能力的提升,保证教学质量。

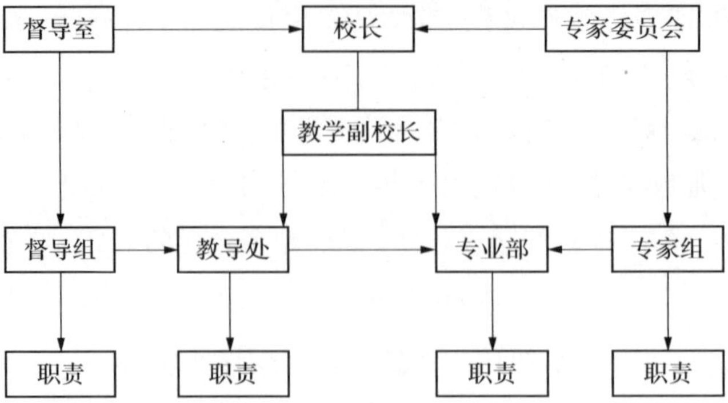

图4 教学管理体系

②教学管理流程

教学管理严格执行学校的教学管理流程，如图5所示，由专业部在专业建设指导委员会指导下制订学校教学工作计划，明确教学工作目标；教务处负责学校教学计划审定；督导室负责对教学过程进行监督和评价。

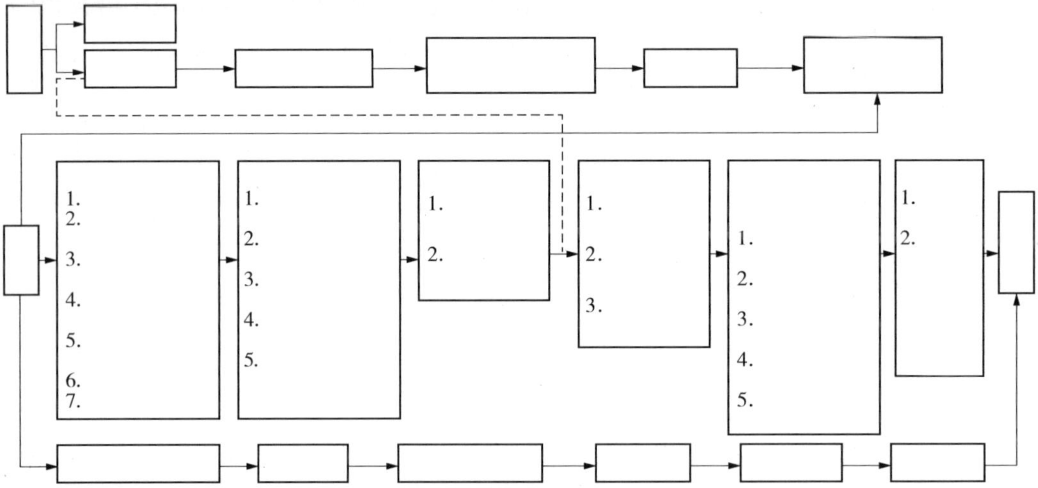

图5 教学管理流程

③教学管理制度

教学管理制度是保证人才培养方案顺利执行的基础，学校及专业部制订《教学督导制度》《教师听评课制度》《学生评教制度》等制度对教学过程进行质量管理和评定。

④教学管理信息化

充分利用教务管理平台进行调排课、学籍管理、考务管理、网上评教等工作，及时收集、汇总和更新管理信息，使各部门之间能实时沟通和共享，进而提高教学管理的效率和水平。

9.4 教学评价

教学评价是对教学质量所作的测量、分析和评定。教学评价坚持重庆铁路运输高级技工学校“发展内涵、提升品质、突出特色、育人铸魂”的办学方针,推行“全面客户满意”的技能教育办学理念,根据本专业人才培养目标和理念,成立了以学校、企业、行业组织等多方共同参与的评价组织体系,制订和完善了以能力为核心的《城市轨道交通运营管理专业教学考核评价办法》,建立教学考核评价档案,主要包括对教师教学工作质量评价和对学生学业成绩的评价。

(1)教师教学评价

为落实各项教学基本要求,保证教学目标的实现,促进教学质量的不断提高,重庆铁路运输高级技工学校制订《教师教育教学质量考核实施办法》及时对教学工作进行评价和监控,具体考评按照该实施办法执行。

(2)学生综合素质评价

坚持立德树人,以科学发展观为指导,遵循现代教育评价与测量相关理论和中等职业学校学生发展规律,采取便捷、高效的实施策略,科学评价学生综合素质表现,引导中职学生关注自我发展,促进教育主体关注学生主动、全面和可持续发展,为用人单位评聘人才和高等院校招录新生提供依据。

以专业人才培养目标为依据,按照方向性、指导性、客观性、公正性的原则,构建学生综合素质评价指标体系。综合素质评价涉及内容包括学生的思想品德、学业水平、身心健康、艺术素养和实践创新5方面,结合学生综合素质评价报告单,每学期期末定期开展。

学生综合素质评价“指标体系”设有4个A级指标,12个B级指标和25个观测点。每个观测点附有权重,每个观测点中的每条内涵进行了权重分配,生成评价报告册时由专业人员进行指数换算,体现了评价过程的客观性、可测性和简易性原则,最大程度地反映学生综合素质。

10. 实施保障

10.1 教学资源库

本专业具备基本数字教学资源。其中包括5门课程的课程标准,6门课程的校本教材、教案教学课件、考试大纲,12个微课视频,4门课程含有1 200余道试题的题库。具体见表14。

表14 教学资源库统计表

资源类别	功能说明	资源内容
课程标准	课程标准是规定某一学科的课程性质、课程目标、内容目标、实施建议的教学指导文件	共建成"行车组织""客运组织与服务"等4门课程标准
电子教案	电子教案反映了知识点的设计思路,体现了教学进行教学设计的艺术	总共有"行车组织"等4门课程的电子教案
PPT	PPT是图文并茂、直观的一种教学方式	总共有"行车组织"等4门课程的PPT
实训演示视频	实训演示是对实际操作实录的视频,可以让学生随时随地、反复地观看操作	部分实际操作难度较大的实训内容配备相应的演示视频
微课视频	将教师准备好的课程按知识点录制成微课视频,可用作学生学习,也可用于教师观摩	总共有12个微课视频
试题库	试题中的每道试题采用标准格式进行封闭并标注其所属专业、课程、难度等元数据,便于教师检索和重复使用	每门课程至少200道试题

10.2 实训实习环境

本专业应配备校内实训实习室和校外实训基地。

(1)校内实习实训基地

校内实训实习基地必须具备城市轨道交通综合管理实训室、城市轨道交通线路及车站设备实训室、CTC实训室,其主要设施设备、功能及对应实训课程见表15。

表15 实践教学条件配置与要求

序号	实验实训室名称	功能	实训课程	主要设备的配置要求
1	城市轨道交通综合管理实训室	1.接发列车模拟 2.模拟行车调度 3.安检设备使用 4.客运站行车工作组织 5.地铁LOW工作站模拟实训 6.闸机的操作 7.自动售票机的操作 8.半自动售票机的操作 9.自动售票机实训与维护 10.闸机的实训与维护 11.机电设备模拟控制	"城市轨道交通行车组织" "城市轨道交通客运组织" "城市轨道交通票务管理" "城市轨道交通车站设备"	自动售票机一台 半自动售票机一台 安检设备一套 FAS设备一套 BAS设备一套 屏蔽门系统一套 车站通风模拟系统一套 车站水循环模拟系统一套 模拟电扶梯系统一套 车站广播系统一套 调度电话系统一套 IBP盘设备一套

续表

序号	实验实训室名称	功能	实训课程	主要设备的配置要求
2	城市轨道交通线路及车站设备实训室	1.车站设备的认识 2.简单车站设备的维修 3.车站机电设备的操作	"城市轨道交通车站设备"	地铁线路沙盘 地铁模拟车站 电扶梯 升降扶梯
3	CTC实训室	1.接发列车模拟 2.计算机编制列车运行图 3.模拟电话闭塞法 4.认识车站设备	"城市轨道交通行车组织" "城市轨道交通车站设备"	1个调度中心 7个工作站 模拟线路 模拟车辆

(2)校外实习实训基地

为提高学生职业技能和顶岗实习质量,学校成立实习管理领导小组,完善实习基地管理制度,建立实习教师岗位职责与管理制度,制订顶岗实习管理办法、实习计划、考核评价标准,建立学生实习安全保障体系及实习生管理手册。此外,还与重庆轨道公司、成都地铁、无锡地铁、厦门地铁、南宁地铁以及成都铁路局重庆客运段建立8个校外顶岗实习基地,深入开展与重庆轨道公司、成都地铁、重庆客运段等企业合作。

校外实训基地主要满足城轨运营管理专业学生进行站台服务、售票、车站设备、客运服务等实习,校外实训基地专业设施配备、业务范围、实践指导教师等应能满足教学见习及毕业实习大纲要求。学校与校外实训基地签订协议书3年以上,明确各自管理职责,并设置专职管理部门与人员进行校外实训基地的管理。

10.3 校企合作

(1)校企合作机构

在重庆铁路运输高级技工学校"校企领导小组"统一指导下,本专业成立了城市轨道交通运营管理专业校企合作专家委员会,设立了工作小组,由学校领导、企业管理人员、系主任、骨干教师共同组成。校企合作工作小组负责本专业的专业建设、订单培养、顶岗实习等校企合作相关工作。

(2)校企合作基本办法

①合作流程

行业企业调研→选定合作企业→选定合作项目(内容)→签订合作协议→开展合

作工作→合作绩效评价。

②运行方式

定期开展专业建设论证会、校企合作交流会；利用校企合作平台，定期发布校企双方的动态信息，实现资源共享。

③合作内容

a.开展专业建设

专业建设指导委员会和校企合作专家指导委员会由职教专家、企业专家、学校骨干教师等组成，负责制订专业发展规划、编制人才培养方案、设置新课程和教材开发等工作。具体见表16。

表16 专业建设指导与校企合作专家委员会名单

姓名	单位	技术职位
谭绍华	重庆市教科院职成教研究所	副所长、研究员
黄承国	重庆市教育评估院职成教研究所	所长
梁立宏	重庆轨道交通公司客运分公司	经理
黄晓川	重庆轨道交通公司双龙车站	值班站长
唐春林	重庆公共运输职业学院	院长助理
向军	重庆轨道交通公司捷尚培训学校	校长
黄兰华	重庆铁路运输高级技工学校	教师

b.开展订单培养、顶岗实习等合作

本专业与行业企业构建了教学实习、顶岗实习、就业安置、相互培训、订单培养等方面的合作关系，主要合作企业及内容见表17。

表17 订单培养企业名单

序号	所属行业	代表企业名称	合作内容
1	城市轨道交通	成都地铁(集团)有限公司	站务员和值班员
2	城市轨道交通	无锡地铁集团有限公司	站务员和值班员
3	城市轨道交通	青岛地铁有限公司	站务员和值班员
4	城市轨道交通	南宁地铁有限公司	站务员和值班员
5	城市轨道交通	厦门地铁有限公司	站务员和值班员
6	城市轨道交通	苏州地铁有限公司	站务员和值班员

10.4 专业教师队伍

(1)专业带头人的基本要求

①师德风范

遵纪守法、爱岗敬业、教书育人。

②学历职称

具有与任教专业对口的本科及以上学历。

③较高的专业水准

系统掌握专业理论知识,具有专业实践能力,在实际工作岗位顶岗实践累计时间达到1年以上。

④具有较高的专业教学和教研教改水平

具有5年以上的专业教学经历,具有先进的职业教育教学观,在专业建设、人才培养方案、校本教材开发等方面有丰富经验。

⑤专业研究

近3年主持省级以上教研课题1项,有教研教改成果;近3年公开发表教研教改论文3篇以上。近3年参加过1次以上专业培训,并在教学中得到充分反映。

(2)专业教师任职资格

①职业素质要求

a.爱岗敬业、为人师表、关心学生、教书育人。

b.系统掌握专业理论知识,及时了解本专业发展现状和趋势,注重更新知识结构。

c.善于结合学科特点,寓思想品德教育于学科教学中。

②职业技能要求

a.具有大学本科及以上要求,并具备教师任职资格,所学专业为全日制普通国民教育"交通运输"专业(或相关专业)。

b.具备通用计算机、多媒体和网络等现代教育手段的操作与应用能力。

c.公开发表过专业教育教学论文或参编专业教材。

(3)专业教师教学能力标准

①具备岗位理解与分析能力。

②具备专业课程授课能力。

③具备专业教学评价能力。

④具备案例教学能力。

11. 其他说明

城市轨道交通运营管理专业人才培养方案需根据经济社会发展，轨道交通行业改革发展不断完善，建议每3年需进行1次大调研，对本人才培养方案进行1次大修订；每年进行1次小调研，对本人才培养方案进行1次小修订。